AF316416

SCARABÉES EGYPTIENS

FIGURÉS

du Musée des Antiques

DE SA MAJESTÉ L'EMPEREUR.

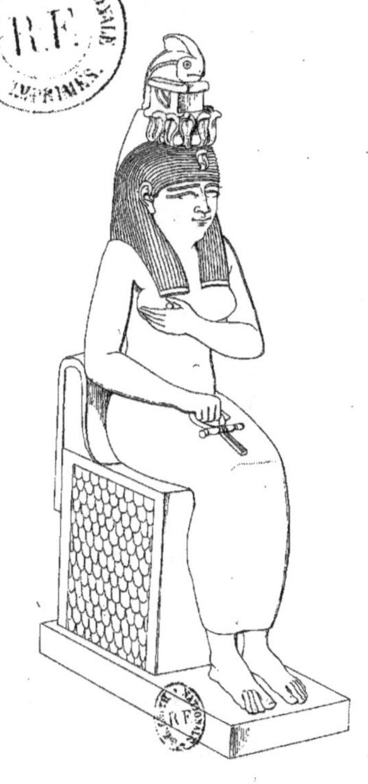

VIENNE,

de l'Imprimerie d'Antoine Strauss.

M D CCC XXIV.

Les recherches savantes de Mr. Champollion le Jeune sur la langue, l'écriture, et les antiquités égyptiennes, nous promettent aussi un nouveau jour sur la signification et l'usage, auquel étoient destinés les Scarabées, genre si interéssant de monumens égyptiens, sur lequel Mr. Champollion a fixé en dernier lieu son attention. C'est dans l'intention d'y contribuer, qu'a été formé ce recueil de Scarabées qui se trouvent au Museé de S. M. l'Empereur, gravé avec soin par un habile artiste. Il s'entend, comme le titre l'énonce, que ce recueil ne contient que les Scarabées avec des hiéroglyphes, et ceux qui par l'état de leur conservation pouvoient être clairement distingués: il est à regretter que plusieurs longues inscriptions, écrites sur des grands Scarabées avec une couleur noire, ont été trop effacées pour pouvoir être rendues avec sûreté: on a préferé de les omettre.

Nous avons resserré en très peu de notes ce que nous avions à dire sur l'une ou l'autre pièce en particulier, mais nous profitons de l'occasion donnée, pour hazarder une opinion, laquelle pourroit servir à fixer les différentes époques des monumens de la sculpture purement égyptienne, par la variété du style qu'on y reconnoît.

4

Pour la sculpture grecque , c'est l'attitude, la draperie, la che-
velure, les yeux qui par la différente manière dont ils sont traités
dans les différens siècles, nous fournissent des données pour juger de
l'époque d'une statue : que reste-il de tout cela pour les figures
égyptiennes où l'attitude, l'habillement, la coïffure sont toujours les
mêmes? il n'y a vraiment que la différente formation des yeux qui
indique de légers changemens et qui pourroit tracer quelques progrès
succesifs de l'art en Egypte. Ayant eu l'occasion de voir en 1819 à
Livourne une partie des grands monumens en pierre, de la collection
Drovetti, nous restions frappés de la variété qui s'y présentait dans la
manière de former les yeux, les paupières et les sourcils des statues.
Il y en avoit où les yeux et la ligne des sourcils étoient creusés, apparement pour y insérer une autre matière *(fabri ocularii)* — d'autres
avoient les paupières, celle d'en haut et celle d'en bas, en forme
de courbes élevées, entre lesquelles l'oeil se trouvoit encadré ; d'autres,
les plus belles et les plus nombreuses, n'avoient que la paupière supérieure formée en courbe relevée, puis les sourcils également rele-
vés, et outre cela, il partait une petite ligne horizontale relevée de
l'angle extérieur de chaque oeil *). Ces dernières statues nous parois-

---

*) La figure en terre cuite d'une couleur verdâtre, de même grandeur que l'original, que nous
avons choisi pour le fleuron donnera une idée de cette singularité. Nous avons cru d'ajouter
quelque prix à notre recueil par la publication de ce monument intéressant , dont Strabon
(XVII. p. 812) et Plutarque (de Isid. et Osir. §. 7. 18) nous donnent l'explication (cf. Selden
de Diis Syr. synt. II. c. 3). Le petit ornement, qui sert de vignette à la fin du texte, se trouve
sur la partie postérieure du trône, sur lequel la déesse est assise.

soient toujours d'un grand fini, tous les contours indiqués avec le plus grand savoir, et une délicatesse semblable ; le visage portoit toujours cette expression riante, mais pas *difforme,* laquelle paroît constituer le plus haut point de beauté, auquel les Egyptiens soient arrivés. D'autres statues enfin (pour ne pas parler de la position, plus ou moins horizontale des yeux, que nous observions constante à certaines modifications près) apparement du temps de la domination des Grecs, avoient les yeux formés, comme la nature les présente.

Il nous a paru que les monumens où les yeux se trouvoient enfoncés entre les deux lignes, portoient le caractère d'une antiquité beaucoup plus reculée, que les monumens où il n'y avoit que la paupière supérieure formée en courbe relevée, outre l'autre ligne qui partait de l'angle des yeux; mais que même ces derniers pourraient être antérieurs au règne des Ptolemées, et constituer comme la ligne de démarcation entre les monumens purement égyptiens et ceux du temps des Lagides *). La comparaison des momies de Dresde, qui sont sûrement grecques, y pourroit être de quelque utilité, mais plus que

---

*) La table Isiaque du Cardinal Bembo, que nous avons eu l'occasion d'examiner à Turin, présente cette même singularité du style, dont à la vérité les gravures connues jusqu'à présent ne donnent aucune idée, et démontrent par là leur peu d'exactitude. Zoega (de orig. et usu Obelisc. p. 544) croyoit en devoir fixer l'âge avant les Ptolemées, et il nous est sûrement très consolant de pouvoir nous appuyer de son autorité ; du moins devra-t-on cesser de parler de ce monument précieux et unique dans son genre comme d'un ouvrage exécuté du temps des premiers empereurs romains.

tout doit décider l'oeil des voyageurs éclairés, qui ont vu la grande masse des monumens sur le lieu même, et qui en ont pu suivre le développement successif des frontières de la haute Egypte jusqu'à l'embouchure du Nil.

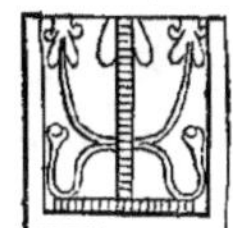

Les planches donnent comme les empreintes des représentations gravées en creux sur les Scarabées.

On a désigné par *a* et *b* joint au numéro, quand tous les deux côtés d'une pièce ont été gravés.

1 *a.* *Le scarabée est gravé en relief, les figures en creux.*

1 *b.* *Le tout en creux.*

2 *a.* *De même, comme 1 a.*

2 *b.* *Le tout en creux. Ce Scarabée se trouve publié par Rasche pl. I. Nr. 25.*

3 *a.* *Le tout en relief.*

3 *b.* *Le signe à droite, dont le ventre est décoré par des lignes croisées, représente un papillon très mal fait, dont la tête est tout à fait séparée, voyez les Nr. 30, 185, 234.*

21 *a.* 21 *b.* *En creux.*

43 *a.* 43 *b.* *En creux.*

48. *L'animal en bas est un sphinx.*

55. *En bas un crocodile.*

77. *Les hiéroglyphes sont peints avec une couleur jaune sur le Scarabée, et pas gravés.*

82 *a.* 82 *b.* *En creux.*

84. *Le signe à droite est un singe accroupi.*

113 *a.* 113 *b.* *En creux.*

126. *Figure debout, avec la tête d'épervier (ou de grenouille?)*

147 *a.* *En creux.*

148 *b.* *En relief: au lieu du Scarabée l'ancien artiste a représenté une figure humaine accroupie.*

149 *a.* *En creux.*

149 *b.* *En relief.*

150 *a.* 150 *b.* *Comme Nr. 149 a, b.*

164. *Figure agenouillée à tête d'épervier.*

166 *a.* *En creux.*

166 *b. Moitié en creux, moitie en relief.*

203 *a.* 203 *b. En relief.*

266 *a. En relief.*

266 *b. En creux.*

275. *La représentation peinte avec une couleur noire, et pas gravée.*

298 *a. En relief.*

298 *b. En creux.*

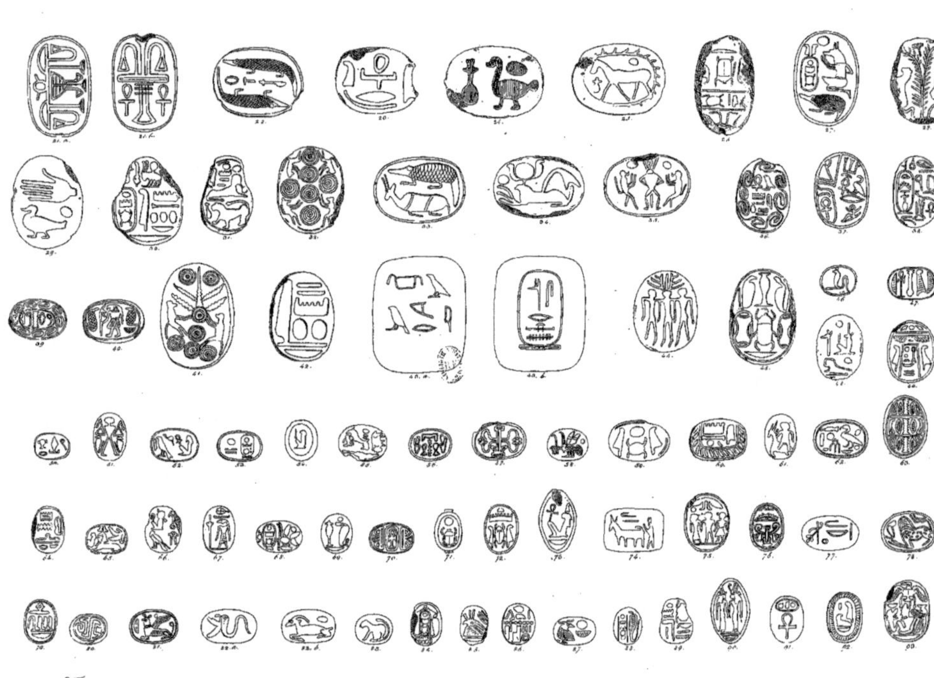

P. Tav. n. 1124.

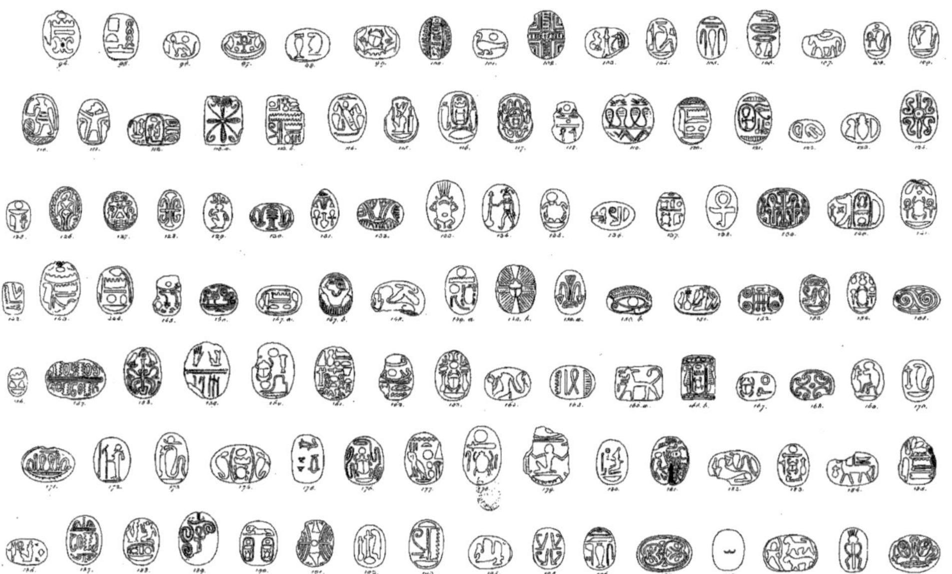

P. Tulli m. 1824

P. Tosi. sc. 1844.